WISSEN
Schritt für Schritt

Zu viel Plastik

An Land und in den Ozeanen

© 2019 Ars Scribendi Verlag, Etten-Leur, Niederlande
Originaltitel: Plastic Pollustion, FUNdamental Science © 2018 Ruby Tuesday Books Ltd.

Übersetzung: Simone Mann, BVK Buch Verlag Kempen GmbH
Redaktion: Christina Klüyken / Sandy Willems-van der Gieth, BVK Buch Verlag Kempen GmbH
DTP deutsche Ausgabe: Freek Kuijstermans
Produktion Ruby Tuesday Books: Mark J. Sachner, Emma Randall, Judy Wearing und John Lingham
Gedruckt in China

ISBN 978-94-6341-429-6 / 2. Ausgabe.

Kontaktieren Sie lektorat@coronalesen.de oder besuchen Sie: **www.coronalesen.de**.
Fragen zu den Veröffentlichungen von Ars Scribendi richten Sie bitte an den Herausgeber.
Der Herausgeber übernimmt keine Verantwortung für Fehler oder Missverständnisse.

Rechenschaftspflicht
Der Herausgeber dankt den folgenden Personen und Organisationen für die Erlaubnis, ihr Material in dieser Publikation zu verwenden und zu reproduzieren: © Alamy: 20 (unten), 22 (oben), 27 (unten); © Cosmographics: 17 (oben); © Evoware: 29 (oben rechts), 29 (Mitte); © FLPA: 21, 30–31; © Getty Images: 26; © Istock Photo: 23 (unten); © Nature Picture Library: 5 (oben), 11 (oben); © OceanwideImages/Gary Bell: 16 (top); © Ruby Tuesday Books: 13, 14, 18; © Shutterstock: Cover, 1–2, 4, 5 (unten), 6–7, 8–9, 10, 11 (unten), 12, 15, 17 (unten), 19, 20 (oben), 22 (unten), 23 (oben), 24–25, 27 (oben), 28, 29 (oben links), 31 (unten); Skipping Rocks Lab: 29 (unten); © WashedAshore.org: 30 (unten).

Mehr Informationen über unser Programm finden Sie auf **www.coronalesen.de**.
Bestellen können Sie über unsere Webseite oder über den (Online-)Buchhandel.

FSC
www.fsc.org
MIX
Papier aus verantwortungsvollen Quellen
FSC® C004472

Dieses Logo bietet Erstlesern, leseschwachen Kindern, Lehrern und Lehrerinnen online eine zusätzliche Hilfe zu diesem Buch.

Verwenden Sie dafür den Code auf **www.coronalesen.de**

14296

Inhaltsverzeichnis

Einige Wörter sind **fett** gedruckt. Erklärungen findest du auf Seite 32 im Glossar.

Unter dem Namen corona erscheinen Sachbücher für Kinder von 4 bis 14 Jahren.

Ein Plastikproblem

Wir alle nutzen Plastik jeden Tag. Einige Plastikgegenstände machen unser Leben sicherer oder lustiger.

Manchmal wird Plastik aber auch für Dinge verwendet, die wir eigentlich gar nicht brauchen.

Das *große* Problem mit Plastik ist, dass es nicht verschwindet, wenn man es wegwirft.

Tatsächlich ist jedes Stück Plastik, das jemals hergestellt worden ist, immer noch irgendwo auf unserer Erde.

Wenn Plastik weggeworfen wird, landet es oft im Meer.

Robbenjunge, die mit Plastik spielen

Bis zu 13 Millionen Tonnen Plastik gelangen jedes Jahr in die Ozeane. Das ist vergleichbar mit einer Lastwagenladung voll Müll jede Minute an jedem Tag.

Wissenschaftler schätzen, dass 9 von 10 Meeresvögeln Plastik in ihren Mägen haben.

Es ist Zeit, das Problem der Plastikverschmutzung zu lösen. Jeder kann helfen!

Was ist Plastik?

Plastik ist ein anderes Wort für Kunststoff. Das ist ein Material, das in Fabriken hergestellt wird. Es wird aus Öl, Kohle, Gas, **Chemikalien** und anderen Materialien gewonnen.

Plastikgegenstände können jede Farbe und Form haben.

Einige Stoffe, wie Polyester, bestehen aus Plastik.

Diese kleinen Körner sind aus Plastik. Man nennt sie Kunststoffgranulat. In Fabriken wird das Granulat erhitzt und geschmolzen. Dann kann der geschmolzene Kunststoff zu verschiedenen Gegenständen geformt werden.

Plastik kann dafür verwendet werden, haltbare Teile für Computer, Autos und Flugzeuge herzustellen.

Autositze und Gurte enthalten Plastik.

Plastik kann auch dafür gebraucht werden, Kunststoffknochen für Menschen herzustellen, die eine schwere Verletzung haben.

Aber nicht alle Plastikgegenstände sollen immer wieder genutzt werden.

Welche Plastikgegenstände können nur für eine kurze Zeit gebraucht werden?

Einwegplastik

Viele Plastikgegenstände werden so hergestellt, dass sie nur einmal gebraucht werden können und dann weggeworfen werden müssen. Das nennt man Einwegplastik.

Manches Einwegplastik wird nur wenige Minuten gebraucht.

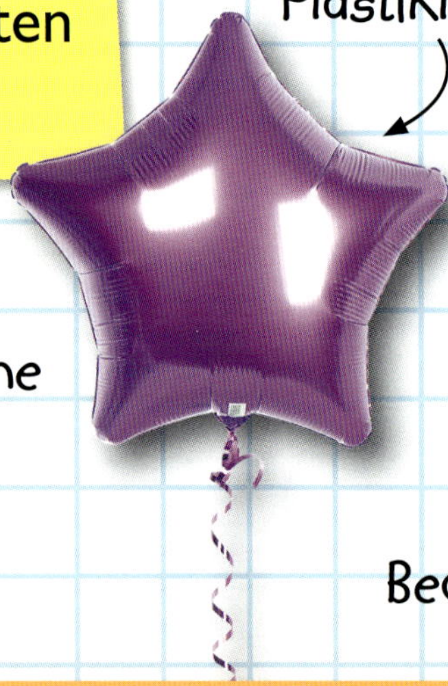

Sehr viel Einwegplastik wird dafür verwendet, Lebensmittel einzupacken.

Nahrungsmittel wie Kartoffeln und Äpfel haben eine schützende Haut. Trotzdem verkaufen viele Läden diese Lebensmittel in Plastik eingepackt, das dann weggeworfen wird.

Warum glaubst du, verkaufen einige Läden Kartoffeln und Äpfel in Einwegplastik eingepackt?

Erforsche es!

Untersuche das Plastik bei dir zu Hause oder in deinem Klassenraum.

Kannst du diese Gegenstände aus Plastik finden?

- *3 Dinge, die immer wieder verwendet werden können*
- *3 Dinge, die aus Einwegplastik bestehen und weggeworfen werden*

Warum ist Plastik ein Problem?

Ein Stück Einwegplastik wird manchmal nur für wenige Stunden gebraucht. Wenn es danach weggeworfen wird, bleibt es irgendwo für immer!

Wenn du einen Apfel in die Erde steckst, **baut** er sich **biologisch ab.** Das heißt, er zersetzt sich und ist nach ein paar Wochen verschwunden.

ein Apfel, der sich biologisch abbaut

Wenn du aber eine Plastikflasche in der Erde vergräbst, zersetzt sie sich nicht.

Eine Flasche kann nur Bruchstellen bekommen und Teile können abfallen, aber nichts davon wird abgebaut.

Der größte Teil des Plastiks, das wir wegwerfen, liegt noch irgendwo herum und verschmutzt unsere Umwelt.

Untersuche es!

Lass uns herausfinden, wie verschiedene Materialien sich in Erde biologisch abbauen.

Du brauchst:

- einen Apfelkern
- ein kleines Stück Karton
- ein kleines Stück dünnes Plastik
- eine kleine Schaufel
- 3 große Kieselsteine
- einen wasserfesten Filzstift
- etwas Gartenerde
- einen Block und einen Stift

1. Schreibe die Wörter Apfel, Karton und Plastik mit dem Filzstift auf die Kieselsteine.

2. Grabe drei kleine Löcher etwa 1 cm tief in die Erde und gib in jedes eins der Materialien.

3. Fülle die Löcher mit der Erde und lege den entsprechenden Kieselstein darauf, damit du weißt, was in dem Loch ist. Lasse die Materialien 4 Wochen lang vergraben.

Wie wird jedes Material nach den 4 Wochen aussehen? Notiere deine Vermutungen auf dem Block.

4. Grabe die Materialien nach 4 Wochen wieder aus.

Passen deine Vermutungen zu den Ergebnissen?

Wenn du magst, kannst du die Materialien noch einmal eingraben und beobachten, was passiert.

(Am Ende des Experiments gräbst du das Plastik bitte aus und recycelst es oder wirfst es in den Mülleimer.)

Plastik auf der Mülldeponie

Wenn wir Plastik wegwerfen, endet es oft auf einer **Mülldeponie.**

Eine Mülldeponie ist ein großes Gelände, auf dem Müll gesammelt und gelagert wird.

Viele wilde Tiere besuchen Mülldeponien, um dort Nahrung zu suchen. Manchmal bleiben sie im Müll stecken. Sie fressen auch häufig Plastik, weil sie denken, es wäre Nahrung.

Was passiert auf einer Mülldeponie?

Auf einer Mülldeponie lösen sich aus dem Plastik und anderem Müll Chemikalien, die sich dann mit Regenwasser vermischen.

Wenn die schützenden Plastikschichten in den Löchern aufbrechen, können giftige Flüssigkeiten in die Erde gelangen.

Dann kann diese Verschmutzung unter die Erde sickern und in Bäche, Flüsse und Meere fließen.

Wie endet weggeworfenes Plastik denn jetzt in den Meeren?

Plastik im Meer

Milliarden Plastikgegenstände verschmutzen unsere Meere. Wie sind sie dorthin gelangt?

Die Reise einer Plastikflasche

Plastikmüll auf den Straßen wird vielleicht mit dem Regen in einen Gulli gespült.

Der Gulli führt zu einem **Abwasserkanal,** der wahrscheinlich in einem Meer endet.

Manchmal wird Plastik von Mülldeponien in Flüsse oder ins Meer geweht.

Gegenstände, die die Toilette heruntergespült werden, enden womöglich im Meer. Feuchttücher sollten zum Beispiel nie in die Toilette geworfen werden! Sie können Abwasserkanäle verstopfen. Außerdem enthalten Tücher Plastik.

Nur drei Dinge sollten die Toilette heruntergespült werden.
Sie beginnen mit K, U und T.

(Die Antwort auf diese Frage findest du unten auf dieser Seite.)

Antwort: Kot, Urin und Toilettenpapier dürfen in der Toilette heruntergespült werden.

In Bewegung

Ein Stück Plastik im Meer reist Tausende von Kilometern. Es wird durch die Bewegungen des Wassers fortbewegt. Das nennt man **Strömung.**

Das ist ein Strand der Kokosinseln im Indischen Ozean. Hier lebt niemand, aber der Strand ist mit Millionen Plastikteilen bedeckt.

Meeresströmungen tragen den Müll aus weit entfernten Ländern bis zu den Kokosinseln im Indischen Ozean.

Meeresströmungen tragen Plastik auch in große Gebiete mit kreisendem Wasser, die Strudel heißen.

Das Plastik wird darin festgehalten und bildet einen riesigen, strömenden Müllstrudel.

Im Pazifik ist der größte Müllstrudel.

Diese Weltkarte zeigt die fünf größten Müllstrudel.

Das Wasser eines Müllstrudels enthält große Plastikgegenstände und Billiarden von winzigen Plastikstücken.

Wissenschaftler schätzen, dass der Müll im großen Müllstrudel im Pazifik zusammen so viel wiegt wie 500 Großraumflugzeuge.

Müll aus einem Müllstrudel

Woher stammen die winzigen Plastikstücke im Ozean?

Mikroplastik

Wenn eine Plastikflasche erst einmal im Meer ist, machen das Meerwasser und das Sonnenlicht das Plastik brüchig.

Die Flasche wird nach und nach zerlegt.

Sie zerfällt in kleine Stücke, die immer kleiner…

und kleiner …

und kleiner werden.

Diese winzigen Stücke heißen **Mikroplastik.**

Wissenschaftler vermuten, dass es über 450 Jahre dauert, bis sich eine Plastikflasche im Meer aufgelöst hat.

Manche Meeresvögel, Krabben, Tintenfische, Fische und andere Tiere denken, dass das Mikroplastik essbar ist.

Erforsche es!

Winzige Plastikstücke wie Granulat, Mikroperlen in Peelings und Glitzer sind auch Mikroplastik.

Granulat

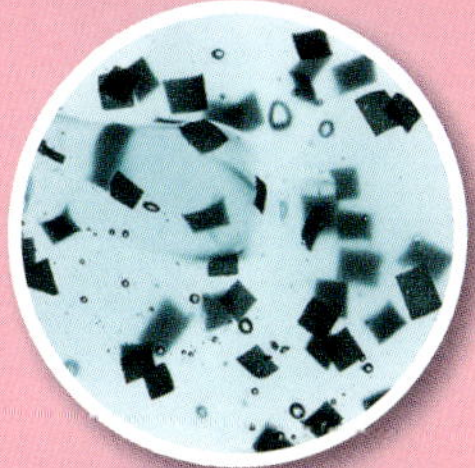

Mikroperlen in Peelings

Glitzer

Wie endet dieses Mikroplastik im Meer?

(Die Antwort findest du unten auf dieser Seite.)

Plastik kann giftige Chemikalien enthalten. Wissenschaftler haben auch herausgefunden, dass Mikroplastik Chemikalien aufnimmt, die sich schon im Meer befinden. All diese Gifte gelangen dann in die Mägen von Tieren, wenn sie das Mikroplastik fressen.

Meeresplastik-Nahrungskette

Wenn Tiere Mikroplastik fressen, nehmen sie womöglich auch giftige Chemikalien auf. Diese Verschmutzung wandert dann in der Nahrungskette nach oben.

Eine Person isst Thunfisch.

Ein großer Fisch wie der Thunfisch frisst kleine Fische.

Kleine Fische fressen Mikroplastik.

Mikroplastik

Antworten: Granulat wird durch Abwasserkanäle von Fabriken gespült oder schwappt von Schiffen herunter. Mikroperlen in Peelings und Glitzer werden im Abfluss heruntergespült und gelangen über Abwasserkanäle ins Meer.

Tiere in Gefahr

Tausende Meerestiere werden täglich durch die Plastikverschmutzung verletzt oder sterben daran!

Tiere fressen Müll, weil sie ihn für Nahrung halten.

Ihre Mägen werden von dem Plastik verstopft.

Dann können sie keine richtige Nahrung mehr aufnehmen und verhungern.

Diese Plastiktüte sieht für die Schildkröte wie eine Qualle aus.

Dieser junge Wal hat eine Angelleine in seinem Maul festgehakt.

Wenn Tiere in Angelleinen und Fischernetzen hängenbleiben, müssen sie kämpfen, um sich zu befreien. Ein Wal stirbt, wenn er nicht zur Oberfläche schwimmen kann, um zu atmen.

eine Albatros-Familie

Manchmal füttern Meeresvögel wie Albatrosse ihre Küken mit Plastik. Die Vogeleltern halten das Plastik für Nahrung. Die Mägen der Küken werden durch das Plastik verstopft. Die Küken sterben.

Wissenschaftler haben all dieses Plastik aus den Mägen von toten Albatros-Küken geholt.

Lass uns reden

Wie können wir die Plastikverschmutzung aufhalten?

Jetzt wird recycelt!

Viele Plastikgegenstände müssen nicht weggeworfen werden. Sie können **recycelt,** also wiederverwendet werden.

In einer Recycling-Anlage werden Plastikflaschen gewaschen und geschreddert.

Das geschredderte Plastik wird geschmolzen und zu Granulat verarbeitet.

geschredderte Plastikflaschen

Aus dem Granulat werden neue Plastikgegenstände hergestellt.

Leider können viele Arten von Einwegplastik nicht recycelt werden.

Wenn Plastik mit einem anderen Material vermischt wird, kann es schwierig und teuer sein, es zu recyceln.

Der Spender dieser Seifenflasche kann nicht recycelt werden, weil er Metall enthält.

Sogar recyceltes Plastik kann auf einer Mülldeponie landen. Eine Plastikflasche kann als Füllmaterial für ein Sofa recycelt werden. Aber wenn das Sofa auseinanderfällt, wird es einfach weggeworfen.

Recycling ist ein großartiger Weg, um zu verhindern, dass sehr viel Plastik die Umwelt verschmutzt.

Aber weniger Plastik zu nutzen, ist die beste Idee!

Kunststofffrei

Es spielt keine Rolle, wie gut wir alle im Recyceln werden, wir nutzen trotzdem noch viel zu viel Plastik. Es wird Zeit, kunststofffrei zu werden.

Obst und Gemüse müssen nicht in Plastik eingewickelt werden.

Lebensmittel zum Verkauf in einem verpackungsfreien Supermarkt

In verpackungsfreien Supermärkten füllen Kunden ihre haltbaren, wiederverwendbaren Behälter mit Lebensmitteln.

Es geht auch kunststofffrei!

Bist du durstig? Fülle ein Glas mit Leitungswasser.

Nimm eine wiederverwendbare Wasserflasche mit, wenn du unterwegs bist.

Sage Nein zu Plastikstrohhalmen!

Diese Strohhalme wurden an den Strand gespült.

Erinnere Erwachsene daran, Essensreste in wiederverwendbare Behälter zu füllen, anstelle sie in Frischhaltefolie einzupacken.

Nutze ein Seifenstück anstelle von Flüssigseife in einer Flasche.

Wenn du ein Geschenk für einen Erwachsenen aussuchst, kaufe ihm eine wiederverwendbare Einkaufstasche oder einen wiederverwendbaren Kaffeebecher.

Wenn ein Geschäft dir eine Plastiktüte gibt, versuche, sie so oft wie möglich zu nutzen.

Wenn du beim Einkaufen hilfst, wähle kunststofffreie Lebensmittel. Glasflaschen sind besser als Plastikflaschen, weil Glas immer wieder recycelt werden kann.

Verwende einen Waschlappen anstelle eines Feuchttuches.

Das Meer säubern

Überall auf der Erde treffen sich Menschen, um Strände zu säubern. Jedes Plastikstück, das eingesammelt wird, ist ein Stück weniger im Meer.

Das Plastik, das von den Stränden gesammelt wird, kann oft recycelt werden.

Wissenschaftler versuchen herauszufinden, wo das Plastik an einem Strand herkommt. Wenn sie eine Firma erwischen, die ihren Müll im Meer entsorgt hat, kann die Firma daran gehindert werden!

Erforsche es!

Stelle dir vor, du bist ein Wissenschaftler bei einer Müllsammel-Aktion am Strand. Schaue dir den Müll auf Seite 27 genau an.

Wie viele verschiedene Plastikgegenstände siehst du? Mache eine Liste.

Wähle einen der Gegenstände. Wie ist er im Meer gelandet? Fertige eine Zeichnung an, die den Weg des Gegenstands von der Verwendung bis zur Landung im Meer zeigt.

Manche Strände kann man nur schwer erreichen. Dann ist es schwierig einzuschätzen, wie stark die Verschmutzung dort ist.

In Schottland fliegen Freiwillige in Flugzeugen die Küsten ab.

Wenn sie eine Plastikverschmutzung im Meer oder am Strand sehen, notieren sie den Ort und machen Fotos.

Diese Information wird dann genutzt, um eine Säuberungs-Aktion zu organisieren.

Dieser Müll wurde an einen Strand in Schottland angespült.

Kunststofffreie Verpackungen

Wissenschaftler und Erfinder entwickeln neue Verpackungsmaterialien aus Pflanzen, Algen und Pilzen.

Sie möchten Verpackungen herstellen, die sich auflösen oder zersetzen.

Einige Menschen stellen Kompost aus Essensresten und Gartenabfällen her. Der Kompost wird als Nahrung für Pflanzen verwendet. Sehr viele Arten von abbaubaren Verpackungen könnten Kompost werden.

Wissenschaftler in Indonesien haben eine Verpackung aus Algen erfunden.

Dieser Farmer baut Algen an.

Dieser Burger ist in eine Algenschicht eingewickelt. Diese hat keinen Geschmack und kann einfach mitgegessen werden.

Wissenschaftler in London haben eine Membran (Haut) erfunden, die Wasser einschließen kann.

Tüten aus Algen

Diese Haut besteht aus Algen und Pflanzen und kann mit Wasser heruntergeschluckt werden.

Werde ein Plastik-frei-Meister!

Wenn jeder klein startet, können die Ergebnisse groß sein!

Überall auf der Erde sagen die Menschen Nein zu Einwegplastik wie Strohhalmen, Wasserflaschen und Plastiktüten.

Lasse Müll nie fallen! Recycle den Müll oder wirf ihn in eine Mülltonne.

Gehe auf Müllsuche oder nimm an einer Müllsammel-Aktion am Strand mit deiner Familie und deinen Freunden teil.

eine Hai-Skulptur aus Müll, gebaut von der Gruppe Washed Ashore

Freiwillige des Projektes Washed Ashore in den USA säuberten die Strände. Dann wurde das Plastik verwendet, um eine riesige Hai-Skulptur zu bauen.

Du solltest es dir gut überlegen, bevor du zum Beispiel ein Spielzeug aus Plastik kaufst. Denke darüber nach, was damit am Ende passieren wird. Kannst du es einem Freund schenken oder es an einen Secondhand-Shop geben?

Suche dir eine Möglichkeit aus, wie du Plastik vermeiden kannst. Bitte einen Freund, das auch zu tun. Der Erfolg wird damit doppelt so groß sein!

Jeder kann etwas unternehmen.

Lass uns die Plastikverschmutzung beenden und unsere Meere retten!

Glossar

Abwasserkanal
Große Röhre unter der Erde, durch die Wasser fließt.

biologisch abbauen
Lebewesen zersetzen Materialien, zum Beispiel Holz.

Chemikalie
Ein chemischer Stoff, der aus der Natur stammt oder von Menschen hergestellt wird. Chemikalien werden zur Herstellung von Kunststoff eingesetzt.

Granulat
kleine Körner aus Kunststoff

Mikroplastik
winzige Stücke von Plastik

Mülldeponie
Ein Ort, an dem unser Müll gesammelt und gelagert wird.

recyceln
wiederverwenden

Strömung
Wasserbewegungen zum Beispiel in einem Fluss oder im Meer

Index